한일순차통역연습

채경희 著
(배화여자대학 일어통번역과 교수)

Eureka · Digerati · BoBos
에듀컨텐츠
http://www.ecbook.biz

한일순차통역연습

발행일	초판 1쇄 • 2009년 2월 27일
발행인	李 相 烈
서 명	**한일순차통역연습**
저 자	채 경 희 著
발행처	에듀컨텐츠
출판등록	제22-682호(2002년 1월 9일)
주 소	서울 송파구 문정동 11-8번지 2층
전 화	(02) 443-6366
팩 스	(02) 443-6376
e-mail	huepia@daum.net
홈페이지	http://www.ecbook.biz
만든사람들	기획 • 송정은 / 책임편집 • 이정희 / 표지디자인 • 이희자 / 영업 • 이강민
정 가	7,500원
ISBN	978-89-90045-92-8 (13730)

Copyright ⓒ 2002-2009. 에듀컨텐츠
● 저자와의 협의로 인지는 생략합니다.
● 본 책자의 부분 혹은 전체를 에듀컨텐츠의 허락없이 복사, 복제, 전재하는 것은 저작권법에 저촉됩니다.

ISBN 978-89-90045-92-8

P·r·e·f·a·c·e

서문 : 한일순차통역연습이란

순차통역이란 연사가 위치한 연단이나 회의 테이블에 동석한 통역사가 연설을 들으며 노트 테이킹(note taking), 즉 그 내용을 기록한 후 연설이 끝나자마자 마치 자신이 연설하듯이 일인칭으로 메시지를 직접 전달하는 방식이다.

한일순차통역연습 교과목에서는 한국어를 일본어로 순차통역을 하는 통역연습이 주로 이루어지며, 학생들에게 순차통역이 자주 요구되는 대학 소개 및 문화 소개 분야의 텍스트를 직접 다루어 본다. 수강생들은 매 수업 전에 주제에 대한 리서치와 독서를 통해 필요한 사전준비를 하며, 통역발표를 통하여 점차적으로 통역능력을 배양하게 된다.

한일순차통역연습의 목적은 학생들로 하여금 순차통역의 기본개념 및 기초기술을 익히게 한다. 학생들은 특히, 출발어 메시지를 이해하고 분석하는 능력과 이를 도착어로 명료하게 전달하는 능력의 배양에 중점을 둔다. 본 과목의 최대 목적은 출발어로 표현된 의미를 파악·분석·전환하고, 의미들 사이의 논리적 관계를 구성하는 능력을 배양하는 것이며, 학생들은 점차적으로 텍스트의 길이와 난이도를 높여가면서 연사의 발언 내용을 경청하고, 반복하는 훈련을 실시한다.
　중점적으로 다루어지는 기술은 능동적 청취력과 집중력이며, 이 외에 회상(recall)을 위해 유용한 노트 테이킹 기법, 기억력 신장 훈련, 추상화 및 상징화 기법 등도 소개된다.

　교재의 출판에 도움을 준 에듀컨텐츠 임직원 여러분께 감사를 전한다.

저자 **채 경 희**
(배화여자대학 일어통번역과 교수)

목 차

1. 통역이란 ▶ 1
   - 동시, 순차, 위스퍼링, 원격, 릴레이

2. 배화여자대학 1(시나리오 자막) ▶ 6
   - 노트 테이킹

3. 배화여자대학 2(프롤로그 앤 도입) ▶ 14
   - 순차통역, 대중 앞에서의 연설

4. 배화여자대학 3(본문1 앤 본문2) ▶ 19
   - 언어 정의

5. 배화여자대학 4(본문3 앤 에필로그) ▶ 27
   - 번역

6. 한국의 의식주 1 ▶ 34
   - 의생활, 주생활

7. 한국의 의식주 2 ▶ 39
   - 식생활, 김치

8. 한국의 젊은이 문화 1 ▶ 46
   - 홍대입구, 대학로

9. 한국의 젊은이 문화 2 ▶ 52
   - DAY 문화

10. 서울의 관광명소 ▶ 56
    - 관광명소 소개, 명동

11. 한국어의 경어표현법 ▶ 62
    - 사장님은 안 계십니다

12. 한국인의 국민성 ▶ 65
    - 변화의 추이

1. 통역이란 (通訳とは)

1) 동시통역

국제회의 통역의 한 방식으로 부스(Booth)라고 하는 통역실 내에서 이루어진다. 부스 안의 통역사는 연사의 연설을 헤드폰을 통해 들으며 듣는 것과 거의 동시에 자기 앞에 놓인 마이크를 통해 청중이 알아 들을 수 있는 언어로 내용을 통역해 준다. 이 방식은 회의에 여러 언어로 통역되어야 하는 경우에는 반드시 사용된다.

2000년 서울에서 개최됐던 ASEM회의와 같이 공식언어가 16개인 경우, 순차통역으로 처리한다는 것은 상상도 할 수 없다. 한 연사가 말하면 16개국 언어로 차례차례 통역이 되어 나온다고 생각해 보라...

동시통역은 또 OHP등 보조 시각자료가 많이 활용되는 회의에 필요하다. 이미 화면이 지나갔는데 다시 화면을 되돌려 찾아보면서 통역을 할 수 없으므로, 연사가 말할 때 화면을 봐가며 동시에 하는 것이 바람직하다. 순차 통역은 연사의 말이 끝난 다음 통역을 하므로, 사용언어가 2개인 경우 시간이 두 배 걸리는데 반해, 동시 통역은 문자 그대로 동시에 통역이 나오므로 같은 시간에 더 많은 양의 정보를 처리할 수 있어 효율적이다. 동시 통역은 집중 처리식이라고 볼 수 있다.

2) 순차통역

순차 통역은 연사가 위치한 연단이나 회의 테이블에 동석한 통역사가 연설을 들으며 노트 테이킹(note taking), 즉 그 내용을 기록한 후 연설이 끝나자마자 마치 자신이 연설하듯이 일인칭으로 메시지를 직접 전달하는 방식이다. 이때 연사는 끊어서 발언한다. 한 번에 발언하는 시간이 너무 길어지면 청중이 통역이 나올 때까지 기다리는 시간이 너무 길어져 청중의 주의력을 유지시키기가 어려워진다. 간혹 연사가 한 내용을 다 말하려고 길어지는 경우도 있다.

순차 통역은 정상회담, 장관회담, 쌍무 회의 또 참석자 수가 제한된 회의에 많이 사용된다. 프랑스 드골 대통령의 경우 순차 통역을 특히 선호했는데 통역사가 통역하는 동안 생각할 시간을 벌기(?) 때문이었다고 한다. 순차 통역은 동시 통역과는 달리 화자와 같은 공간에서 시선을 집중해서 받으며 하는 통역이다. 그러므로 통역사에 따라서는 이러한 퍼포먼스(performance) 즉, 공연(公演)에 따르는 심리적인 긴장이 힘들어 동시 통역만 하는 경우도 왕왕 있다. 또 공연인 만큼 몸가짐과 복장에도 특히 신경을 써야 한다.

3) 위스퍼링 통역(whispering)

여러 이유가 있을 수 있겠지만 특히 물리적인 공간상의 이유로 동시 통역이 필요하기는 하지만, 듣는 사람의 수가 두 사람 이내로 제한되었을 때 통역사가 청자 옆에서 속삭이듯 작은 목소리로 동시 통역을 해주는 것이다.

작은 음성으로 통역을 하는 이유는 물론 회의장 내에 연사는 계속 얘기를 하고 있으므로 통역의 음성이 커서 대화 또는 발표에 지장을 주어서는 안되기 때문이다. 그러므로 영어로도 속삭인다는 뜻으로 위스퍼링 통역 방식이라고 부른다.

위스퍼링 통역이 흔히 우리가 알고 있는 동시 통역과 다른 점은 헤드셋이나 통역 부스와 같은 동시 통역 장비를 사용하지 않는다는 점이다. 예를 들어 회의에 참석한 전체 청중은 다 연사의 언어를 알아듣는데 한 두 명만 못 알아들을 경우 바로 그 사람(들) 뒤에서 작은 소리로 통역을 해주면 된다.

4) 원격 통역(tele-interpreting)

유럽연합, 유엔, 유네스코 등에서 원격회의가 점점 확산되고 있는 추세이다. 원격 통역이란 쉽게 말해 통역사들은 서울에 있는데 연사는 워싱턴이나 런던에 있는 경우 스크린을 통해 보면서 위성을 통해 들려오는 말소리를 듣고 통역하는 것이다.

그러니 원격 통역이 제대로 이루어지려면 선명한 화질과 음질 보장이 전제 조건이다. 잘 들리지 않는데 어떻게 훌륭한 통역을 할 수 있겠는가. 그러나 아직까지는 원격회의의 화질, 음질이 바람직할 만한 수준이 아니고 위성 중계를 하는 데도 워낙 많은 돈이 들므로 널리 빠른 속도로 보급되고 있지는 않다. 프리랜서 통역사의 경우 늘 새로운 주제에 대해 통역을 하므로 준비 과정 등 어려운 점이 많은 직업이지만 어떤 분야의 앞서 가는 사람들을 직접 만나 통역을 하고 때로는 역사의 기념비적인 순간에 동참하는 데서 오는 뿌듯한 만족감 및 즐거움을 간과할 수 없다. 어쩌면 이러한 점이 국제회의 통역사라는 직업에 유능한 젊은이들을 끌어들이는 매력인지도 모르겠다.

원격 통역의 경우 연사와 통역사가 공간적으로 격리되므로 여태껏 존재했던 상호 교감이 줄어들 것은 자명하다. 통역사의 입장에서 볼 때 공간적으로 연사와 멀리 떨어져 있어 심리적 안정감을 잃기 쉽기 때문에 그렇게 좋은 방식은 아니라고 할 수 있다.

5) 릴레이 통역

릴레이 통역이란 말 그대로 릴레이를 받아서 하는 통역이다. 회의 공식 언어가 두 개라면 릴레이 통역은 안 해도 된다. 하지만 여러 언어가 사용되는 회의의 경우 가끔씩 채택되는 통역 방식이다.

예컨대 한국어, 영어, 일어가 사용되는 국제회의를 떠올리면 이해하기가 쉽다. 영어로 말하는 연사의 발언은 영어-한국어를 담당하는 통역사의 입을 통해 한국어로 통역될 것이다. 그 다음 옆 부스에 있는 영어-일본어 담당 통역사는 이 영어 연설을 일본어로 통역할 것이다. 다시 말해 연사가 영어로 말할 때에는 영어-한국어 담당 통역사와 영어-일본어 담당 통역사만 있으면 아무런 문제가 없다. 그러나 한국 연사가 발언할 때에는 상황이 달라진다. 한국어-영어 담당하는 통역사가 있으니 영어로 통역이 나가는 데는 별 무리가 없지만, 영어-일본어 담당하는 통역사는 한국어를 알아듣지 못하기 때문에 연사의 말을 직접 들어봐야 아무 소용이 없는 것이다.

그러면 이러 한 상황이 생겼을 때 일본 대표단은 '열중 쉬어' 하면서 멀뚱히 천장만 바라볼 것인가? 그럴 수는 없는 일이다. 바로 이런 때를 위해 릴레이 통역 방식이 개발되었다.

이런 경우에는 영어-일본어를 담당하는 통역사는 청취 채널을 연사가 말하는 오리지널 언어(이 경우에는 한국어)가 나오는 플로어에 고정하는 대신, 한국어-영어 통역사 부스에서 통역되어 나오는 영어에 채널을 맞추어 듣고 이를 일본어로 통역하면 되는 것이다.

本文

1) 通訳とは何か。

　通訳というのは、異文化間コミュニケーションの仲立ちをする仕事である。

2) 通訳教育のあり方　－　何を教えるか、何を学ぶか

　① 通訳者にはどのような知識や能力、あるいはスキルが必要で、
　② それを獲得するためにはどのような勉強や訓練をしていったらいいのか。

　― 目標を設定し、その実現に向けて具体的な行動計画を立てる。

3) 通訳者に必要な能力とは

　통역자에게 필요한 능력으로는,

　① 어느 정도의 「어학력」
　② 통역을 필요로 하는 장면에 있어서의 일정 레벨 이상의 「지식 베이스」
　③ 통역자 고유의 기술 체계와 노하우라 할 수 있는 「통역 기술」을 들 수가 있습니다.

　이 3요소가 통역 훈련의 타켓가 됩니다.

ドリル

1) 同時通訳とは何か。(**동시통역이란 무엇인가**)

2) 逐次通訳とは何か。(**순차통역이란 무엇인가**)

3) 通訳とは何か。

4) 通訳者に必要な能力とは何か。

①本文1)の＜通訳者に必要な能力とは＞の韓国語文を日本語に翻訳しなさい。

> 通訳者に必要な能力としては、
> ①ある程度の「語学力」(linguistic competence)
> ②通訳を必要とする場面での一定レベル以上の「知識ベース」(knowledge base)
> ③ 通訳者に固有の技術体系やノウハウといった「通訳技能」(interpretation skills)があげられます。
> この３つの要素が通訳訓練のターゲットになります。

②＜通訳者に必要な能力とは＞の韓国語文を聞いて、日本語に逐次通訳の発表をしなさい。

2. 배화여자대학 1(시나리오 자막)

> シナリオ字幕

1. 배화의 꿈은 내일을 향하고 있습니다.
   (培花の夢は明日に向かっています。)

2. 110년 배화학당의 전통 위에 1978년 개교
   (110年の培花学堂の伝統の上に1978年に開校)

3. 배화여자실업전문학교 개교, 배화여자전문대학으로 개편인가,
   배화여자대학으로 교명변경, 100주년기념도서관 준공, 목련관 준공
   (培花女子実業専門学校開校、培花女子専門大学に改編認可、
   培花女子大学に校名変更、100周年記念図書館竣工、木蓮館竣工)

4. 교훈 – 정직, 근면, 봉사, 믿음, 소망, 사랑
   (校訓 – 正直、勤勉、奉仕、信仰、<u>希望</u>、愛)

5. 지성인의 전당, 여성교육의 명문대학
   (知性人の殿堂、女性教育の名門大学)

6. 전통의 리더십과 현대의 리더십이 공존하는 곳
   (伝統のリーダーシップと現代のリーダーシップが共存するところ)

7. 감동이 시작되는 대학 – 내일에 대한 생각과 준비로 세상을 아름답게 그립니다.
   (感動がはじまる大学 – <u>明日へのビジョン</u>と準備で世界を美しく描きます。)
   ⇔ 明日に対する考え

8. 서울지역 전문대학 취업률 1위

   (ソウル地域短期大学就職率1位)　　　　　　　　⇔　專門大学

9. 취업정보실 – 온라인과 오프라인으로 최신취업정보를 제공,

   산업체 요구에 부응하는 1:1 맞춤식 취업지도

   (就職情報室 – オンラインとオフラインで最新就職情報を提供、

   企業の要求に応じる1:1オーダーメード式就職指導)　　⇔　産業体

10. 1:1 맞춤전문상담, 실전모의면접, 1:1 진로탐색 멘토링 시스템

    (1:1オーダーメード専門相談、実戦模擬面接、

    1:1進路支援アドバイスシステム)　　⇔　探索メントリングシステム

11. 최고수준의 장학금 제도 – (전교)수석장학금, 성적우수장학금,

    글로벌연수장학금, 공로장학금, 배화학원장학금, 필운장학금,

    복지장학금, 근로장학금, 기독교대한감리회장학금, 우덕재단장학금,

    선인재단장학금, 외국어능력우수장학금, 한국관광장학재단장학금

    외 다수

    (最高レベルの奨学金制度 – 首席奨学金、成績優秀奨学金、

    　グローバル研修奨学金、功労奨学金、培花学院奨学金、弼雲奨学金、

    　福祉奨学金、勤労奨学金、キリスト教大韓監理奨学金、

    　ウドク財団奨学金、ソンイン財団奨学金、外国語能力優秀奨学金、

    　韓国韓国韓奨学財団奨学金、その他多数)

12. 글로벌연수장학생 100명 선발

    – 영어권 해외어학연수의 기회를 제공

    (グローバル研修奨学生100人選抜 – 英語圏海外語学研修機会提供)

13. 특성화된 교육체제 확립, 산학협력의 활성화,

    교육 및 연구의 정보화

    (特性化された教育体制確立、産学連携の活性化、

    教育及び研究の情報化)　　　　　⇔ 協力

14. 맛과 멋 그리고 매력이 넘치는 여성리더의 꿈을 실현

    (気品、そして魅力あふれる女性リーダーの夢を実現)　　⇔ 趣

15. 꿈과 열정이 있는 대학 – 오늘의 꿈이 내일의 현실이 되도록 희망을 그립니다.

    (夢と情熱のある大学 – 今日の夢が明日の現実になるように希望を描きます。)

16. 국민의 먹을거리를 책임집니다. – 식품계열

    (国民の食に責任を負います。– 食品系)
    　　　　　⇔ 食べ物　　　　　⇔ 食品系列

17. 내일을 책임질 미래 꿈나무를 키웁니다. – 교육계열

    (明日に責任を負う未来有望な人材を育てます。– 教育系)
    　　　　　⇔ 未来が　　　　　⇔ 教育系列

18. 새로운 트렌드의 선도와 미래창조 – 패션계열

    (新しいトレンドリードと未来創造 – ファッション系)
    　　　　　　　　　　⇔ ファッション系列

19. 과학기술의 보다 나은 미래를 위해 연구 합니다. – IT계열

    (科学技術のより良い未来のために研究します。-IT系)　⇔ IT系列

20. 해외교류의 전문인을 양성합니다. – 외국어계열

    (海外交流の専門家を養成します。-外国語系)　　⇔ 外国語系列

21. 국제적인 경쟁력을 강화 합니다. - 경상계열

　　（ 国際的な競争力を強化します。-ビジネス系 ）　　　　⇔ 経商系列

22. 유능한 전문 교수진

　　（ 有能な専門教授陣 ）

23. 밀라노가 반해버린 한국인, 21세기를 이끌어갈 여성CEO, 유능한 CEO의 전문보좌관, 훌륭한 유아교육교사의 멘토, 영상필름분야 최고의 무역전문가

　　（ ミラノを魅了した韓国人、21世紀をリードする女性CEO、有能なCEOの専門補佐官、立派な幼児教育教師アドバイザー、映像フィルム分野最高の貿易専門家 ）　　　　⇔ メント

24. 변화하는 대학 - 배화는 아름답게 변하는 내일을 그립니다.

　　（ 変化する大学 - 培花は美しく変化する明日を描きます。 ）

25. 유아통합교육 프로그램, 4년제 학사학위취득 전공심화과정 운영,

　　지역사회와 공존하는 평생교육

　　（ 幼児統合教育プログラム、4年制学士学位取得深化課程運営、

　　　地域社会と共存する障害児教育 ）　　　　⇔ 障害教育、生涯教育

26. 창업보육센터 - 시대적인 흐름에 적합한 다양한 강좌 개설

　　（ 起業支援育成センター - 時代の流れに相応しい多様な講座開設 ）

　　　　⇔ 創業　　　　⇔ 時代的な

27. 평생교육원

　　（ 生涯教育院 ）

28. 능력있는 전문기술인, 바른 인성을 갖춘 사회인,

　　미래의 꿈을 가진 소망인

　　（ 能力ある専門技術家、人格を備えた社会人、未来の夢を持つ希望人 ）

　　　　　　⇔ 正しい稟性

29. 해외명문대와 2+2, 2+1+1 연계교육으로

    4년제 학사학위 취득이 가능

    (海外名門大と2+2、2+1+1 連携教育で4年制学士学位取得可能)

30. 말레이시아, 미국, 중국, 캐나다, 호주,

    뉴질랜드, 필리핀, 베트남, 일본

    (マレーシア、アメリカ、中国、カナダ、オーストラリア、

    　ニュージーランド、フィリピン、ベトナム、日本)

노트 테이킹(note taking)

순차 통역을 하는 통역사들은 대게 화자가 하는 말을 자기 나름의 방법으로 메모를 한다. 이를 노트 테이킹(note taking)이라고 한다.

물론 노트 테이킹을 하기는 하지만 이를 거의 활용하지 않고 전적으로 자신의 탁월한 기억력에 의존해서 통역을 하는 통역사도 있다. 이런 통역사들은 집중력과 기억력이 뛰어난 사람들이다. 그런데 일반적으로 말해서 순차통역을 할 때 노트 테이킹을 참고하는 정도나 빈도는 통역사의 그날그날의 컨디션이나 통역해야 할 주제에 따라 다르다.

통역을 하고 나면 많은 사람들이 "어쩌면 그렇게 속기를 잘 하냐?"고 묻고는 한다. 그러나 통역사들의 노트 테이킹은 속기사들의 '속기'와는 전혀 다르다. 속기란 소리를 받아 적는 것이다. 하지만 순간적으로 분석종합능력을 요하는 통역과정에서 한 언어를 듣고 그것을 다른 언어로 바꿔 그 뜻을 표현하는 것은 불가능하다. 통역을 하는 동안에는 그 정도의 물리적 시간조차도 주어지지 않기 때문이다.

통역사들의 **노트 테이킹**이란 화자 말을 분석하여 통역사 자신이 나중에 알아볼 수 있도록 간편한 기호나 축약된 약어를 사용하여 메모를 하는 것일 뿐이다.

통역과정은 세 단계로 나눌 수 있다.

첫째 단계는 듣는 단계, 즉 내용을 이해하는 단계이다.

그리고 두 번째 단계는 뜻을 파악해서 기억하는 단계, 즉 내용 전체를 분석하고 종합하는 단계이다.

마지막으로 세 번째 단계에서는 이렇게 자신의 머릿속에 분석, 종합된 내용을 청중들이 알아듣기 쉽도록 표현하는 단계이다.

즉, 커뮤니케이션 행위가 일어나는 단계인 것이다. 이렇게 통역과정을 세 단계로 나누어볼 때, 노트 테이킹은 통역과정의 한 단계는 아니고, 그저 분석한 내용을 쉽게 기억하게 해주는 보조작업 정도라 할 수 있다.

통역사들의 노트 테이킹은 강연이나 강의를 자주 듣는 사람들, 또는 그 반대로 강연이나 회의 발표, 보고를 자주 해야 하는 사람들에게도 적잖은 도움이 된다. 그러므로 누구나 노트 테이킹에 대해 조금 맛을 보면 도움이 될 것 같아 소개하고자 한다.

한일순차통역연습

　　우선 발표 내용을 듣고 리포트 해야 하는 사람들을 위해 효율적인 <u>노트 테이킹률</u>을 몇가지 살펴보도록 하자.

1. 발표 내용을 계속적으로 주의 깊게 들어야 한다.
2. 연사가 말하는 단어를 일일이 받아 적지 말고 그 의미를 메모해야 한다.
3. 연사의 말을 집중해서 듣는 데 방해가 되지 않도록, 들었을 때 맨 처음 떠오르는 단어나 기호를 적는다. 어느 언어로 기억하는 것이 좋다는 정해진 규칙은 없으므로 내용을 쉽게 상기시킬 수 있는 것이면 어느 것이든 상관없다.
4. 노트 테이킹을 할 때에는 수평으로 하지 말고 되도록 수직으로 하여 내용의 흐름이 한눈에 들어오도록 기억해야 한다. 한 아이디어에서 다른 아이디어로 내용이 바뀌면 횡선을 그어 내용의 전환을 분명히 표시한다.
5. 내용의 뉘앙스를 잘 살려서 적도록 한다. 미묘한 뉘앙스를 모두 기억하기란 쉬운 일이 아니므로 어떤 형태로든 표시를 해놓을 필요가 있다.
6. 자주 사용되는 단어는 기호나 약어로 표시할 수 있다. 그렇다고 해서 막상 통역할 때 도움이 되기는커녕 혼란만을 초래하는 '불가사의한 언어'를 만들어내지는 말아야 한다.
7. 열거되는 내용이나 고유명사, 숫자는 반드시 정확하게 받아 적어야 한다.

　　　　　　　　　　노트 테이킹의 예는 최화정교수의 홈페이지 참조
　　　　　　　　　　http://www.choijungwha.com/index_main.htm

ドリル

1) 本文の＜シナリオ字幕（1～30）＞の韓国語文を日本語に逐次通訳しなさい。

2) 노트 테이킹(note taking)

① ＜ノートテイキング(note taking)＞とは何か。

② 通訳過程の3段階とは何か。

3) 発表内容を聞いてリポートをする人のための効率的な<u>＜ノート　テイキング＞ルール</u>をまとめてみよう。

3. 배화여자대학 2(프롤로그 앤 도입)

프롤그(プロローグ)

꿈과 열정, 그리고 희망으로 미래를 향해 달리는 ①젊음이 있습니다.
세상에 변화를 일으키며 여성교육의 명문으로서 꿈을 펼쳐가는..
새로운 세상의 주인공!
배화의 꿈은 내일을 향하고 있습니다.

① 젊음이 있습니다. (若さ) (若さがあります)

도입(導入)

여성을 위한 참교육을 실천하기 위해 설립된 배화여자대학은 ①우리나라 여성 교육의 모태인 ②110년 배화학당의 전통 위에 1978년 개교했습니다. ③믿음, 소망, 사랑의 기독교 정신을 건학이념으로 대한민국 여성인재를 육성하며 진정한 사랑을 실천하고 더 나은 미래를 결정하는 지성인의 전당이자 여성교육의 ④명문대학으로 자리매김했습니다.

수 백년 동안 과거 ⑤우리나라의 중심이었던 경복궁과 오늘날 대한민국 행정의 중심인 청와대, 정부종합청사가 인접해 있어 전통의 리더십과 현대의 리더십이 공존하는 곳 - 배화여자대학.

대한민국 여성교육의 110년을 이끌어 온 배화여대의 자부심.
이것은 누구도 따를 수 없는 명문사학의 전통과 ⑥시대적 책임감이 있었기에 가능한 것입니다.

① 우리나라 (大韓民国の) (我が国の)
② 110년 배화학당의 (培花学堂の110年の) (110年の培花学堂の)
③ 믿음, 소망, 사랑의 기독교 정신을 건학이념으로
   (キリスト教の基本精神である信仰，希望，愛を建学理念とし)
   (キリスト教の基本精神である信じること、望むこと、愛することを建学理念とし)
④ 명문대학으로 자리매김했습니다
   (名門大学として知られています)
   (名門大学としての位置を確保しています)
⑤ 우리나라의 중심이었던 경복궁과
   (大韓民国の中心であった景福宮。)
   (我が国の中心であった景福宮と)
⑥ 시대적 책임감이 있었기에
   (時代的責任があったからこそ)
   (時代的責任感があったからこそ)

순차통역, 대중 앞에서의 연설

통역은 들을 대상이 있을 때 필요하다. 일반 연설과 다른 점이 있다면 청중이 연사의 말을 직접 알아듣지 못한다. 그러므로 통역을 제대로 하려면 일반 강연과 마찬가지로 청중의 성격을 파악해야 한다.

* 청중이 어떤 사람들인가?
  - 나이, 성별, 참석자 수 등을 알아야 한다.
** 청중의 주제지식 정도
  - 교육 수준, 관심 분야 등을 알아야 통역 메시지 전달을 하는데 있어 표현 수단 및 정도를 맞출 수 있다.
*** 통역 의뢰(강연 청탁)를 받았을 때의 질문
1. 수락하기 전에 생각해본다.
2. 구체적이고 실질적인 질문을 한다.
  - 날 짜
  - 시 간
  - 장 소
3. 맥락을 파악한다.
  - 왜, 어떠한 경우인지(occasion)
  - 때와 장소(venue)
  - 청중(audience)
4. 내가 과연 이 일에 맞는지?
5. 내가 하고 싶은지?
6. 잘 할 수 있을 것 같은지?
7. 서면으로 청탁을 받고 임박해서 재확인한다.

ドリル

1) 본문 <프로로그>의 한국어문을 듣고, <노트 테이킹> 연습하기
   → (문장 복구)

2) 本文の＜プロローグ＞の韓国語文を日本語に翻訳しなさい。

> 夢と情熱、そして希望を胸に未来に向けて走る①若さ。
> 世界を変化させ、女性教育の名門としての夢を広げる…。
> 新しい世界の主人公!
> 培花の夢は明日に向かっています。

3) 本文の＜プロローグ＞の韓国語文を日本語に逐次通訳しなさい。

4) 본문 <도입>의 한국어문을 듣고, <노트 테이킹> 연습하기
　　→ (문장 복구)

5) 本文の＜導入＞の韓国語文を日本語に翻訳しなさい。

> 女性のための真の教育を実践するために設立された培花女子大学は、①大韓民国の女性教育の母胎である②培花学堂の110年の伝統の上に、1978年に開校しました。
> ③キリスト教の基本精神である信仰，希望，愛を建学理念とし、大韓民国の女性人材を育成して真なる愛を実践し、より良い未来を作っていく知性人の殿堂であると同時に、女性教育の④名門大学として知られています。
>
> 過去数百年の間、⑤大韓民国の中心であった景福宮。今日、大韓民国の行政の中心である青瓦台。
> 政府総合庁舎が立ち並び伝統のリーダーシップと現代のリーダーシップが共存する所 - 培花女子大学
>
> 大韓民国女性教育の110年を導いて来た培花女子大学のプライド、それは名門私学の伝統と⑥時代的責任があったからこそ可能であったのです。

6) 本文の＜導入＞の韓国語文を日本語に逐次通訳しなさい。

4. 배화여자대학 3(본문1 앤 본문2)

본문1(本文1)

서울권 대기업 취업률 1위에 빛나는 영예는
취업명문 배화만의 인재 육성프로그램에서 비롯됩니다.

온라인과 오프라인으로 최신 취업정보를 제공하는 취업 정보실과
배화만의 1:1 맞춤 전문 진로 및 취업 상담, ①실전 모의 면접 등
②각종 프로그램을 통한 높은 취업률은 배화의 큰 자부심입니다.

특히, ③취업한 졸업생들을 멘토로 선정하고 취업을 준비하는 ④재학생을 멘티로 하는 1:1 진로탐색 멘토링 시스템은 정보를 습득하고 자신감을 갖게 합니다.

배화여자대학은
대한민국 최상위수준의 ⑤다양하고 폭넓은 장학금 제도는 물론
글로벌 연수장학금으로 영어권 해외어학연수의 기회를 제공함으로써
⑥세계무대에서 리더십을 발휘할 수 있는 당당함을 갖게 합니다.

특정분야 전문자격증을 쉽게 취득할 수 있는
⑦특성화, 주문식 교육의 최우수 대학으로서 ⑧산학협력이 유기적으로 연계된 취업인프라를 구축하며 기업맞춤형 교육을 통해 디지털 시대가 필요로 하는 인재, 기업이 요구하는 실무에 강한 전문인을 육성하는 등 ⑨배화는 현장중심의 실습교육으로 경쟁력을 높입니다.

이처럼 배화여자대학은 다양한 자기계발 프로그램으로 ⑩잠재력을 일깨우며 품격을 갖춘 맛과 멋, 그리고 ⑪매력이 넘치는 여성리더의 꿈을 실현하고 있습니다.

① 실전 모의 면접 등
　　(実践的な模擬面接など)(実践謀議面接など)
② 각종 프로그램을 통한 높은 취업률은
　　(各種プログラムの結果として得た高い就職率は)
　　(各種プログラムを通じての高い就職率は)
③ 취업한 졸업생들을 멘토로 선정하고
　　(就職した卒業生(OG)をアドバイザーに選定し)
　　(就職した卒業生たちをメントに選定して)
④ 재학생을 멘티로 하는 1:1 진로탐색 멘토링 시스템은
　　(在校生に対して行う1:1進路支援アドバイスシステムは)
　　(在校生をメンティーに対して行う1:1進路探索メントリングシステムは)
⑤ 다양하고 폭넓은 장학금 제도는 물론
　　(幅広く多様な奨学金制度は勿論)
　　(幅広い多様な奨学金制度は勿論)
⑥ 세계무대에서 리더십을 발휘할 수 있는 당당함을 갖게 합니다
　　(自信を持って世界の舞台でリーダーシップを発揮することができるようになります)
　　(世界舞台でリーダーシップを発揮する自信を持たせます)
⑦ 특성화, 주문식 교육의
　　(特性化教育として実施されている注文式教育の)
　　(特性化、注文式教育の)
⑧ 산학협력이 유기적으로 연계된 취업인프라를 구축하며
　　(産学が有機的に連携された就職インフラを構築しています)
　　(産学協力が有機的に連携された就職インフラを構築し)
⑨ 배화는 현장중심의 실습교육으로 경쟁력을 높입니다
　　(現場中心の実習教育で競争力を高めています)
　　(培花は現場中心の 実習教育で競争力を高めています)
⑩ 잠재력을 일깨우며 품격을 갖춘 맛과 멋
　　(潜在能力を引き出し、気品ある)
　　(潜在力を引き出し、品格を備えた趣)

⑪ 매력이 넘치는 여성리더의 꿈을 실현하고 있습니다
　(魅力あふれる女性リーダーへの夢を実現します)
　(魅力あふれる女性リーダーの夢を実現しています)

本文2(本文2)

배화여자대학은 남다르게 살고 싶은 꿈과 열정을 가진 이들을 키웁니다.

①국민의 먹을 거리를 책임지는 식품계열,
②내일을 책임질 미래 꿈나무를 키우는 교육계열,
새로운 트렌드를 선도하고 아름다운 미래를 창조하는 패션계열,
과학기술의 보다 나은 미래를 위해 연구하는 IT계열,
해외교류에 능동적으로 대처할 수 있는 전문인을 양성하는 외국어계열,
국제적인 경쟁력을 강화하는 경상계열 등
다양한 전문분야의 연구를 통해 ③세계로 나아가며 세계를 움직일 수 있는 큰 꿈과 열정을 가진 글로벌 인재로 키워갑니다.

이러한 전문성은 ④연구에 대한 남다른 열정을 가진 유능한 교수진을 통해 구체적으로 실천되며 차별화된 교육환경 또한 배화인 모두가 학업에 전념하고 ⑤어떠한 한계도 뛰어넘도록 합니다.
그리고 무엇보다 이미 사회에 진출해 자신의 기량과 잠재력, ⑥무한한 가능성을 마음껏 펼치고 있는 사랑스러운 배화인들.

그들이 걸어 온 길과 앞으로 가는 길을 보며 배화여자대학은 내일을 위한 쉼 없는 도전으로 생각하고 전문화된 학과와 앞서가는 교육환경을 통해 경쟁력을 더욱 더 확보해나갑니다.

① 국민의 먹을 거리를 책임지는 식품계열
　　(国民の食に責任を負う食品系)
　　(国民の食べ物に責任を負う食品系列)

② 내일을 책임질 미래 꿈나무를 키우는 교육계열
　　(明日に責任を負う有望な人材を育てる教育系)
　　(明日に責任を負う未来の有望な人材を育てる教育系列)

③ 세계로 나아가며 세계를 움직일 수 있는....글로벌 인재로 키워갑니다
　　(世界を動かすことができる....グローバルな人材に育てます)
　　(世界に出て世界を動かすことができる....グローバル人材に育てます)

④ 연구에 대한 남다른 열정을 가진
　　(研究に対する並ならぬ情熱を持つ)　　　　　　　　　　↔　熱情
　(研究に対する特別な情熱を持つ)

⑤ 어떠한 한계도 뛰어넘도록 합니다
　　(多様な未来に備えられる力を蓄えます)
　　(いかなる限界も飛び越えて行けるようにします)

⑥ 무한한 가능성을 마음껏 펼치고 있는 자랑스러운 배화인들
　　(無限の可能性を思う存分発揮している培花の卒業生たち)
　　(無限な可能性を思いっきり発揮している誇らしい培花の卒業生たち)

언어 정의

1. A언어

a. 국제회의통역사협회 AIIC 규정에 따르면 "통역사의 모국어(또는 모국어와 동일한 수준언어)로서 순차 통역이나 동시 통역의 경우 모두 다른 통역 언어를 출발어로 할 때 도착어가 된다."

b. C.Thiery에 따르면 "모국어란 환경의 의해 자연 습득되는 것이지 교육으로 얻어지는 것이 아니다. 언어와 자연 습득 능력은 사춘기를 기점으로 소멸된다."

c. D. Seleskovitch에 의하면 "모국어 경우에는 자신의 생각에 언어를 맞추고, 외국어 경우에는 자신의 생각을 언어에 맞춘다."

2. B언어

a. A.I.I.C. 기준에 따르면 "능동(active)언어로서 모국어는 아니지만 의사 전달을 완벽하게 할 수 있는 언어이다." "일부 통역사는 순차·동시 통역 모든 경우에 이 언어로 통역을 하지만 일부의 통역하는 순차나 동시 중 한 방식에만 사용한다."

b. D. Seleskovitch에 따르면 "표현 언어로 사용되며 모국어로는 볼 수 없는 언어이다."

3. C언어

a. A.I.I.C. 기준에 따르면 "수동(passive) 언어로서 통역사의 표현 언어로 사용되지 않으며 완벽히 이해하는 언어로써 듣고 능동 언어로 통역한다."

b. D. Seleskovitch에 의하면 "표현보다는 단어, 문장 구성, 숙어의 뜻을 이해하는데 집중적으로 노력을 해야 하는 언어이다."

통역사에 따라서는 B와 C언어가 한 가지 이상이기도 하나 A언어 즉 모국어의 경우에는 거의 대부분 하나이다. 간혹 A언어가 둘인 사람이 있는데 이런 경우를 'true bilingual'이라 표현한다.

【 위 언어 정의에서 보았듯이 A언어는 회의 통역사의 모국어로서 구사 수준이 완벽해야 함은 물론 가장 '순발력' 있게 사용할 수 있는 언어이다. 또 모국어가 바로 이 최대 순발력을 가지고 있기 때문에 동시 통역에서 도착어로 사용되고 있는 것이다.
  통역사가 외국에서 오래 살았을 경우 다른 통역 언어와 마찬가지로 모국어도 그 구사 수준이 퇴보할 수 있다. 그러므로 결과가 눈에 띄는 외국어 숙달에 많은 노력을 기울이는 통역 연수생으로서는 이런 사실을 감안해서 모국어 '수준

한일순차통역연습

유지'에도 노력을 게을리 해서는 안된다.
 통역 연수생이 외국에 나가 있을 경우에도 늘 고국의 신문 및 정기 간행물을 읽어야 함은 물론 매 순간 처한 상황을 모국어로 어떻게 표현해야 되나를 생각해야 한다. 모국어는 각자의 노력 여하에 따라 특히 표현 수준을 향상시킬 수 있다. 더욱이 시간이 지남에 따라 신조어가 생길 뿐만 아니라 어휘 자체도 변화하므로 지속적인 노력을 해야 할 것이다. 】

한일순차통역연습

ドリル

1) 본문 <본문1>의 한국어문을 듣고, <노트 테이킹> 연습하기
   → (문장 복구)

2) 本文の＜本文1＞の韓国語文を日本語に翻訳しなさい。

> ソウル圏大企業就職率1位に輝く栄誉は就職名門培花独自の人材育成プログラムから始まります。
>
> オンラインとオフラインで最新就職情報を提供する就職情報室や培花特有の1:1オーダーメード専門進路及び就職相談、①実践的な模擬面接など②各種プログラムの結果として得た高い就職率は培花の大きいプライドです。
>
> 特に、③就職した卒業生(OG)をアドバイザーに選定し、就職を準備する④在校生に対して行う1:1進路支援アドバイスシステムは、情報を提供し自信を持たせます。
>
> 培花女子大学は
> 大韓民国最高レベルの⑤幅広く多様な奨学金制度は勿論、グローバル研修奨学金で英語圏海外語学研修の機会を提供することで、⑥自信を持って世界の舞台でリーダーシップを発揮することができるようになります。
>
> 特定分野の専門資格を容易に取得できる⑦特性化教育として実施されている注文式教育の最優秀大学として、⑧産学が有機的に連携された就職インフラを構築しています。特に、企業オーダーメード型教育を通じてデジタル時代が要求する人材、企業が要求する実務に強い専門家を育成するなど、⑨現場中心の実務教育で競争力を高めています。
>
> このように、培花女子大学多様な自己開発プログラムで⑩潜在能力を引き出し、気品ある、そして⑪魅力あふれる女性リーダーへの夢を実現します。

3) 本文の＜本文1＞の韓国語文を日本語に逐次通訳しなさい。

4) 본문 <본문2>의 한국어문을 듣고, <노트 테이킹> 연습하기
   → (문장 복구)

5) 本文の<本文2>の韓国語文を日本語に翻訳しなさい。

> 培花女子大学は素敵な人生を送りたいという夢と情熱を持つ人材を育てます。
>
> ①国民の食に責任を負う食品系
> ②明日に責任を負う有望な人材を育てる教育系
> 新しいトレンドをリードし、美しい未来を創造するファッション系
> 科学技術のより良い未来のために研究する IT系
> 海外交流に能動的に対処することができる専門家を養成する外国語系
> 国際的な競争力を強化するビジネス系など
> 多様な専門分野の研究を通じて、③世界を動かすことができる大きな夢と情熱を持つグローバルな人材に育てます。
>
> このような専門性は、④研究に対する並ならぬ情熱を持つ有能な教授陣を通じて具体的に実践され、差別化された教育環境で培花の学生全員が学業に専念し、⑤多様な未来に備えられる力を蓄えます。
> そして、何よりも既に社会に進出して自身の器量と潜在力、⑥無限の可能性を思う存分発揮している培花の卒業生たち。
>
> 彼女たちが歩んできた道、これから歩むであろう明日のため、絶え間ないチャレンジ精神で専門的な教育を行う学科、より良い環境を開拓していきます。

6) 本文の<本文2>の韓国語文を日本語に逐次通訳しなさい。

5. 배화여자대학 4(본문3 앤 에필로그)

본문 3(本文 3)

배화여자대학은 ①오늘보다 나은 따뜻한 세상 속에서 ②가깝고도 열린 교육을 실현합니다.

하나님과 이웃과 함께 하며 너와 내가 하나가 되는 기독교 정신에 바탕을 둔 배화여자대학은 장애유아, ③다문화가정 자녀들을 위한 유아통합교육프로그램 개발과 교류를 활발하게 추진하며 전공심화과정은 물론 졸업 후 교육까지 책임지는 평생교육으로 진정한 배움의 전당이 되고 있습니다.

특히, ④창업을 모색하거나 제2의 인생을 준비하는 중장년층 등 시대적인 흐름에 적합한 다양한 강좌들을 통해 직업능력을 개발하고 자격 취득의 기회를 널리 제공함으로써 ⑤당당한 여성 전문인이 되도록 합니다.

능력 있는 전문기술인, ⑥바른 인성을 갖춘 사회인, 미래의 꿈을 가진 소망인을 추구하는 배화여자대학.

배화여자대학은 더 넓은 세상에서 ⑦꿈을 찾도록 해외명문대학들과 자매결연을 맺고 학술교류 프로그램을 실시하는 등 폭넓은 교육의 기회를 제공함으로써 ⑧배화인이 국제화시대의 주역으로 성장하고 있습니다.

① 오늘보다 나은 따뜻한 세상 속에서
 (今日よりもよりよい世の中でも)
 (今日よりももっと暖かい世の中で)

② 가깝고도 열린 교육을 실현합니다
　（ 前進し続ける教育を実施します ）
　（ 近くて開かれた教育を実現します ）
③ 다문화가정 자녀들을 위한
　（ 多文化家庭の子女のための ）
　（ 多文化家庭の子女たちのための ）
④ 창업을 모색하거나 제2의 인생을 준비하는 중장년층 등
　（ 起業を準備したり第2の人生を模索する中壮年層などに ）
　（ 創業を模索したり第2の人生を準備する中壮年層など、 ）
⑤ 당당한 여성 전문인이 되도록 합니다
　（ 堂々とした女性専門家になるように導きます ）
　（ 堂々とした女性専門家になるようにします ）
⑥ 바른 인성을 갖춘 사회인.... 소망인을 추구하는 배화여자대학
　（ 人格を備えた社会人....　希望人を応援する培花女子大学 ）
　（ 正しい稟性を備えた社会人....　希望人を追求する培花女子大学 ）
⑦ 꿈을 찾도록.... 학술교류 프로그램을 실시하는 등....
　（ 夢を探すことができるように....学術交流プログラムを実施しています。このように、）
　（ 夢を捜すことができるように....学術交流プログラムを実施するなど、）
⑧ 배화인이 국제화시대의 주역으로 성장하고 있습니다
　（ 培花の学生は国際化時代の主役として成長していきます ）
　（ 培花の学徒は国際化時代の主役としてで成長しています ）

에필로그(エピローグ)

①미래를 먼저 준비하는 사람이 세상을 바꿀 수 있습니다.
변화를 두려워하지 않고 세계를 이끌어 나가는 ②글로벌 여성리더의 주인공!!

세상을 향한 관심과 사랑으로 내일의 꿈을 만드는 곳,
사람을 변화시키고 세상을 변화시키는 ③글로벌 전문 인력양성대학.
배화여자대학입니다.

④미래 인재를 키우는데 앞장서는 배화여자대학에서
새로운 미래가 시작됩니다.

① 미래를 먼저 준비하는 사람이 세상을 바꿀 수 있습니다
(未来を先取りして準備する人が世の中を変えることができます)
(未来を先に準備する人が世の中を変化させることができます)

② 글로벌 여성리더의 주인공!!
(グローバルな女性リーダー!!)
(グローバル女性リーダーの主人公!!)

③ 글로벌 전문 인력양성대학. 배화여자대학입니다.
(グローバルな専門人材養成大学。それが、培花女子大学です。)
(グローバルな専門人力養成大学。培花女子大学です。)

④ 미래 인재를 키우는데 앞장서는 배화여자대학에서
(未来の人材を育てるために努力する培花女子大学で)
(未来の人才を育てるために努力する培花女子大学で)

번 역

번역이란

번역은 한 언어에서 다른 언어로 의미를 전달하는 것이고 이 전달 과정에서 출발어 텍스트를 읽는 독자에게 나타나는 효과와 똑같은 효과가 번역된 텍스트를 읽는 독자에게 나타나도록 해야 한다. 이를 위해서는 의미의 등가뿐만 아니라 표현의 등가까지 보장되어야 함은 물론이다. 즉, 원문과 번역문을 읽었을 때 이해한 내용과 받은 느낌이 같아야 한다.

또, 번역이란 한 컵의 물을 가득하게 따르는 일과 같다. 번역사는 원문의 의미를 충실하게 전달하기 위해 한 컵의 물을 가득 채운다. 물을 모자라지도 넘치지도 않게 꼭 채우는 일이 결코 쉽지 않을 것이다

번역사의 역할

시대가 바뀌고 패권을 쥐는 문화가 달라져도 번역이 끊임없이 이루어졌기에 서로 다른 문화권간에 큰 단절 없이 문화가 전달되고 섞일 수 있었던 것은 주지의 사실이다.

번역사의 역할은 새로운 문물과 사상을 받아들이는데 쓰이기도 하지만 자국의 문물과 사상을 외부로 내보내는데도 쓰이는 것이다. 알려지지 않은 것을 제대로 알리고 외부의 것을 받아들임으로써 좀 더 풍요로운 사회를 만드는 것도 바로 번역사의 역할인 것이다.

특히 쉬지 않고 앞선 선진 문물을 받아들이고 개방의 물결에 발맞춰 우리를 알려야 하는 한국어를 모국어로 하는 번역사들의 역할은 실로 크다고 할 수 있다.

번역의 충실성

번역사는 원문에 충실한 번역을 해야 한다. 원문의 의미에 충실한 번역을 하려면 다음 세가지 요소에 충실해야 한다.
첫째. 저자가 말하는 바
둘째. 도착어
셋째. 대상 독자

좀더 자세히 살펴보면,

첫째. 의미에 충실하기 위해 단어 하나 하나가 아니라 저자가 말하고자 하는 바를 전달해야 한다. 즉, 번역사는 자기를 내세우는 것이 아니라 자신을 지우고 저자의 말하고자 하는 바 즉 저자의 목소리를 내는 행위이다. 번역사가 자신의 목소리를 크게 내서는 곤란하다. 저자가 '말하고자 하는 바'를 제대로 추출하기 위해서는 언어적 지식뿐만 아니라 언어외적 지식 즉, 주제 지식이 필수적이다.

둘째. 도착어에 충실해야 한다. 출발어와 도착어는 서로 다른 문법 규칙과 표현

방식을 가지고 있는 언어이다. 번역 과정에서 지나치게 원문의 출발어를 의식할 경우 어색하고 자연스럽지 못한 도착어 표현이 나올 것은 뻔하다. 그러므로 번역사들의 모국어 표현의 중요성이 강조되며 이는 가독성과 직결된다.

　셋째. 번역 대상 독자에 대한 충실성이다. 저자가 글을 쓰면서 대상으로 삼고 있는 독자와 번역물의 대상 독자는 아주 드물게 일치하는 경우를 제외하고는 거의 대부분 다른 사람들이다. 이들은 우선 서로 다른 언어를 사용하고 있는 사람들일 뿐만 아니라 문화적 배경과 관습이 다르고 가지고 있는 지식도 다른 사람들이다. 그렇기 때문에 원문을 번역 대상 독자들에게 이해시키기 위해서는 이들에게 '눈높이를 맞추려는' 노력이 필요하다. 저자가 말하고자 하는 바, 도착어, 번역의 대상 독자에 대한 충실성이라는 이 세 요소의 관계는 불가분의 관계인 것이다.

번역사 직업윤리

우리 나라에는 아직 성문화된 번역사 직업 윤리가 없으므로 세계에서 최초로 조직된 프랑스 번역사 협회의 직업 윤리 규정의 일부를 소개한다.

1. 질(質)과 충실성

　- 번역사의 가장 중요한 의무는 어떤 상황에서든 질과 충실성 준수이다.

2. 직업 품위 준수

　- 번역사는 번역 작업을 할 때나 안 할 때나 번역사의 평판을 실추시키는 행동을 해서는 안 된다.

3. 직업상 비밀

　- 형법 조항에 의거하여 번역사는 직업상의 비밀을 지켜야 한다. 번역사가 보유하고 있는 문서나 정보를 직접적으로나 간접적으로 누설해서는 안 된다.

4. 중립성과 공정성

　- 번역사는 번역 의뢰자의 사회적 지위, 명성, 국적, 출신, 종교적, 정치적, 이념적 견해, 불러일으키는 감정에 상관없이 동등하게 대해야 한다. 번역사는 자신의 신념, 의견, 취향을 배제하고 번역해야 할 문서나 말을 가장 엄정한 공정성을 갖고 번역해야 한다.

5. 독립성

　- 번역사는 어떠한 형태의 압력도, 영향도 받지 않고 독립적으로 직업에 종사한다. 의도적으로 틀리거나 충실하지 못하거나 영합하는 오류는 중대한 과실에 속한다.

6. 청렴성

　- 번역사는 직업을 폄하하는 어떠한 행위도 하지 않는다.

ドリル

1) 본문 <본문3>의 한국어문을 듣고, <노트 테이킹> 연습하기
   → (문장 복구)

2) 本文の＜本文３＞の韓国語文を日本語に翻訳しなさい。

> 培花女子大学は①今日よりもさらに進んだ世の中でも、②前進し続ける教育を実施します。
>
> 神と隣人とともにし、皆なが一つとなるキリスト教精神に基づいた培花女子大学は、障害幼児、③多文化家庭の子女のための幼児統合教育プログラム開発と交流を活発に推進して、専攻深化課程はもちろん卒業後の教育まで責任を負う生涯教育で真なる学問の殿堂となっています。
>
> 特に、④起業を準備したり第2の人生を模索する中壮年層などに、時代的な流れに相応しい多様な講座を通じて、職業能力を開発し資格取得の機会を幅広く提供することで⑤堂々とした女性専門家になるように導きます。
>
> 能力ある専門技術家、⑥人格を備えた社会人、未来の夢を持つ希望人を応援する培花女子大学。
>
> 培花女子大学はより大きな世界で、⑦夢を探すことができるように海外名門大学と姉妹提携を結んで学術交流プログラムを実施しています。このように、幅広い教育の機会を提供することで⑧培花の学生は国際化時代の主役として成長していきます。

3) 本文の＜本文３＞の韓国語文を日本語に逐次通訳しなさい。

4) 본문 <본문4>의 한국어문을 듣고, <노트 테이킹> 연습하기
　　→ (문장 복구)

5)　本文の＜本文４＞の韓国語文を日本語に翻訳しなさい。

　　①未来を先取りして準備する人が世の中を変えることができます。
　変化を恐れずに世界をリードしていく②グローバルな女性リーダー!!

　世界に向けた関心と愛で明日の夢をつくるところ。
　人を変化させて世の中を変化させる③グローバルな専門人材養成大学。
　それが、培花女子大学です。

　④未来の人材を育てるために努力する培花女子大学で新しい未来が始まります。

6)　本文の＜本文４＞の韓国語文を日本語に逐次通訳しなさい。

6. 한국의 의식주 1 - 의생활, 주생활

韓国人の衣生活(衣服)

사계가 뚜렷하고 일교차가 심한 한반도의 자연환경을 고려하여 한민족의 조상들은 겨울에는 찬바람과 추위를 막아 주는 따뜻한 견직물과 모직물을 즐겨 입고, 여름에는 덥고 습윤한 기후에 견딜 수 있는 통기성과 땀을 잘 흡수하는 삼베와 모시를 즐겨 입었다.

四季がはっきりしていて、朝晩の気温の変化が激しい韓半島の自然環境を考慮して、韓民族の祖先たちは冬には寒風と寒さから体を守ってくれる絹織物や毛織物を身につけ、夏には暑く湿気をおびた気候に耐えられるよう、通気性があって、汗の吸収がよい麻や苧(からむし)の織物を身につけました。

 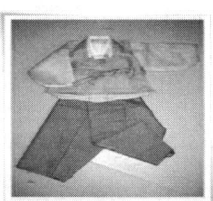

チマチョゴリ(치마저고리)　　バジチョゴリ(바지저고리)

韓国人の住生活(住居)

한민족은 춥고 찬바람이 불고 눈이 많이 내리는 긴 겨울을 지내기 위해서 방바닥을 따뜻하게 해 주는 '온돌'이라는 난방시설을 사용하였고, 덥고 비가 자주 내리고 습기가 많은 여름을 지내기 위해서 바닥이 시원한 '마루'를 사용하였다.

한옥을 짓는 재료는 자연 속에서 쉽게 구할 수 있는 나무와 흙, 돌 등을 활용하였고, 골격은 주로 나무를 사용하였고, 지붕은 나무를 사용하였고 그 위에 풀을 덮거나 흙으로 구운 기와를 사용하였다.

韓民族は、寒く、寒風が吹き、雪が多い韓国の長い冬を越すために、部屋の床が暖かくなる「オンドル」という暖房施設を使い、一方、暑く雨が多く、

湿気が多い夏を過ごすため、板の間の床である「マル」を使いました。

　韓屋（ハンオク）を建てる時の建材は、自然界から簡単に手に入れられる木や土、石などを活用しました。屋根には木を使い、その上を草で覆ったり、土を焼いた瓦をかぶせました。

[韓屋（ハンオク，한옥）]

① 한옥은 **초가집**과 **기와집**을 말합니다.
② 추위를 막기 위해 **온돌**을 깔고, 더위를 막기 위해 **마루**를 만들었습니다.
③ 한옥을 흙, 돌, 마루와 같이 **자연**으로부터 재료를 구하여 지었습니다.
④ 한옥은 **물**을 구하기 쉬운 곳에서 산을 등지고 햇볕을 향해 지었습니다.

① 韓屋（ハンオク）はわらぶきの家（초가집）と瓦ぶきの家（기와집）を指します
② 防寒のため**オンドル**(온돌)敷き、防暑のため**マル**(마루)をつくりました。
③ 韓屋（ハンオク）は土、石、マルのような**自然**(자연)のものの中から手に入れた建材で建てました。
④ 韓屋（ハンオク）は**水**(물)を手に入れやすい所に山を背にして、太陽に向かって建てられました。

초가집　　　　기와집

本文

オンドル

　사계절의 변화가 뚜렷한 한국은 여름에는 덥고 겨울에는 춥기 때문에 가옥의 구조에도 계절적 온도변화를 고려하였습니다.

　여름에는 바람이 잘 통하는 시원한 대청과, 겨울에는 방을 따뜻하게 데우는 온돌이라는 난방장치를 사용하였습니다. 온돌은 한국에서만 볼 수 있는 가장 대표적인 방법으로 방안을 오랫동안 골고루 따뜻하게 하는 기능을 가지고 있습니다. 「발은 따뜻하게 하고, 머리는 차게 해라」라는 옛말이 있습니다. 여기에는 전통적인 건강법인 조상들의 지혜가 담겨있습니다. 예를 들면, 전통적인 한옥은 창호지를 통해서 바깥 공기와 방안의 공기를 순환해 주기 때문에 실내의 공기가 맑고 방바닥은 온돌로 인하여 따뜻합니다. 이것은 서양에서 사용되는 벽난로의 측면난방에 비하여 온돌은 밑면난방 방식이라 훨씬 효율적입니다.

　이러한 조상들의 지혜는 오늘날 이웃나라인 일본에서도 사랑받고 있는 훌륭한 전통문화입니다.

重要문장표現

① (사계절의 변화)가 뚜렷한 한국은.... (온도변화)를 고려하였습니다.

② (바람)이 잘 통하는...., (방)을 따뜻하게 데우는.... (난방장치)를 사용하였습니다.

③ (온돌은 한국)에서만 볼 수 있는.... (골고루 따뜻하게 하는 기능)을 가지고 있습니다.

④ (발은 따뜻하게 하고, 머리는 차게 해라).... (조상들의 지혜)가 담겨있습니다.

⑤ (창호지)를 통해서.... (공기)를 순환해 주기 때문에.... (방바닥은 온돌)로 인하여

⑥ (벽난로의 측면난방)에 비하여 (온돌은 밑면난방 방식)이라 훨씬 효율적입니다.

⑦ 이러한.... 오늘날 (일본)에서도 사랑받고 있는 훌륭한 전통문화입니다.

---

① (四季の変化)がはっきりしている韓国は....(温度変化)を考慮しました。
② (風)がよく通る....(部屋)を暖める....(暖房装置)を使いました。
③ (オンドルは韓国)でだけ見ることができる....(均等に暖かくしてくれる機能)を持っているのです。
④ (足は暖かくして、頭は冷たくしなさい)....(ご先祖の知恵)があります。
⑤ (障子紙)を通じて....(空気)を循環してくれるために....(部屋の床はオンドル)で
⑥ (ペチカの壁面暖房)に比べて(オンドルは底面暖房方式)なのでずっと効率的です。
⑦ このような....今日 (日本) でも愛されているすばらしい伝統文化です。

ドリル

1) 본문 <온돌>의 한국어문을 듣고, <노트 테이킹> 연습하기
   → (문장 복구)

2) 本文の<オンドル>の韓国語文を日本語に翻訳しなさい。

> 　　四季の変化がはっきりしている韓国は、夏には暑くて冬には寒いために家屋の構造にも季節的な温度変化を考慮しました。夏には風がよく通るテチョンマル(板の間)や冬には部屋を暖めるオンドルという暖房装置を使いました。オンドルは韓国でだけ見ることができる一番代表的な暖房装置で、部屋の中を長い間均等に暖かくしてくれる機能を持っているのです。「足は暖かくして、頭は冷たくしなさい。」という古語があります。 ここには伝統的な健康法であるご先祖の知恵があります。たとえば、伝統的な朝鮮家屋は障子紙を通じて外気と部屋の空気を循環してくれるために室内の空気が澄んでいて、部屋の床はオンドルで暖かいのです。これは西洋で使われているペチカの壁面暖房に比べ、オンドルは底面暖房方式なのでずっと効率的です。
> 　　このようなご先祖の知恵は今日、となりの国の日本でも愛されているすばらしい伝統文化です。

3) 本文の<オンドル>の韓国語文を日本語に逐次通訳しなさい。

7. 한국의 의식주 2 - 식생활, 김치

韓国人の食生活

전통적으로 한국인의 밥상 위에는 밥그릇은 왼쪽에 국그릇은 오른쪽에 반찬그릇은 앞쪽으로 차려 놓고, 숟가락을 오른손에 잡고 밥이나 국물을 퍼서 먹고, 오른손의 젓가락으로 반찬을 집어 먹는다.

음식을 함께 먹는 경우에는 어른이 먼저 수저를 든 후에 아랫사람이 밥을 먹는 것이 한국인의 식탁예절이다.

昔からの伝統として、韓国人の食卓は、ご飯は左、汁物は右、おかずはその向こう側に配膳し、スプーンを右手に持ってご飯や汁物を食べ、右手でお箸を持って、おかずを食べます。複数で食事をする場合、目上の人が箸をつけてから目下の人は食べ始めるのが韓国人の食事のマナーです。

3첩반상(庶民のお膳だて)　　　5첩반상

[伝統的な季節の料理]

봄 봄철에는 산과 들에 여러 식물들이 피는데 쑥, 씀바귀, 냉이 등을 나물로 해먹어 입맛을 돋게 하기도 하고 진달래와 꽃으로 전을 부쳐 먹기도 했는데, 이것을 화전(꽃전)이라고 한다.

春 春には山や野原にいろいろな植物が芽吹きます。ヨモギ、ニガナ、

ナズナなどをナムルにして、食欲をそそったり、つつじや様々な花でジョンを焼いて食べたりしますが、これをファジョン（花ジョン）といいます。

ファジョン(花ジョン)　　ヨモギ餅　　春ナムル

여름 여름철 더위로 인해 쉽게 지치고 원기를 잃기 쉬워 몸에 충분한 영양을 공급할 수 있는 삼계탕이나 육개장을 즐겨 먹었다. 그리고 땀을 많이 흘려 부족한 수분은 참외나 수박과 같은 과일로 보충하였다.

夏　夏の暑さでバテやすく、気力がなくなってしまうので体に充分な栄養を供給できるサムゲタンやユッケジャンなどを好んで食べます。そして、たくさんの汗で流れ出てしまった体内の水分維持のためマクワウリやスイカのような果物を食べます。

삼계탕(サムゲタン)　수박(スイカ)　육개장(ユッケジャン)

가을 오곡이 풍성한 가을에는 수확한 햇곡식으로 여러 가지 음식을 했는데, 찹쌀 콩 참깨 등을 이용해 송편을 만들어 먹기도 하고 가을에 피는 국화의 잎을 이용해 국화전을 만들어 먹기도 했다.

秋　五穀豊穣の秋には収穫した新穀でいろいろな料理をつくって食べます。もち米、大豆、胡麻などでソンピョンをつくったり、秋の花である菊の葉を使って菊のジョンをつくって食べたりします。

송편(ソンピョン)　　국화전(菊のジョン)

겨울 겨울철은 날씨가 추워 따뜻한 음식을 즐겨 먹었는데, 전골 신선로 등이 있다. 또 차게 먹어야 제 맛을 느끼는 동치미 수정과 등을 즐겨먹기도 했다.

冬 冬は寒いので、温かい料理を好んで食べます。ジョンゴルやシンソルロなどがあります。また、冷やして食べた方が本来のおいしさを感じることができるドンチミ、スジョンガなどを好んで食べます。

전골(ジョンゴル)　동치미(ドンチミ)　수정과(スジョンガ)

本文

한국의 대표적인 음식, 김치

　우리나라는 사계절의 구분이 뚜렷하여 식품이 다양하고 삼면이 바다로 둘러싸여 있어 수산물이 풍부합니다. 그로 인해 어류육류와 채소류를 이용한 조리법이 발달되었고 장류, 김치류, 젓갈류 등의 발효식품의 개발이 이루어져왔습니다. 그 중에 대표적인 음식으로는 김치를 들 수 있습니다.

　추운 겨울의 식생활을 대비한 채소의 저장방법이 발전되면서 오늘날에까지 이른 김치는 무, 배추 등을 소금에 절여 고추, 파, 마늘, 생강 등을 젓갈과 함께 넣어 버무려 익힌 채소의 염장발효식품입니다.

　김치의 종류는 담그는 재료, 담금 법, 지역 등에 따라 약 180여종이 있습니다. 이 다양성은 한국인의 창의력과 생활의 지혜를 보여줍니다. 김치는 비타민과 섬유질이 풍부하고 유산균이 많아 소화를 도우며 항암효과가 있다고 잘 알려져 있습니다.

　현재 이런 우수성을 인정받아 세계 5대 건강식품으로 선정되어 있습니다. 이렇듯 한국의 대표적인 음식들은 앞으로 훌륭한 문화적 콘텐츠의 역할을 할 것입니다.

「韓国」と聞いて思い浮かべるのは・・「キムチ！」

キムチの種類（約２００以上の種類がある）

ペチュキムチ　　ポッサムキムチ
チョンガキムチ　ペクキムチ

한일순차통역연습

重要문장표현

① (사계절)의 구분이 뚜렷하여 (식품)이 다양하고

② (삼면이 바다)로 둘러싸여 있어 (수산물)이 풍부합니다.

③ (채소류)를 이용한 조리법이 발달되었고.... (발효식품의 개발)이 이루어져 왔습니다.

④ (김치)를 들 수 있습니다.

⑤ (식생활)을 대비한 (채소의 저장방법)이 발전되면서 (오늘날)에까지 이른 (김치)는

⑥ (소금)에 절여.... (젓갈)과 함께 넣어 버무려 익힌.... 염장발효식품입니다.

⑦ (지역 등)에 따라.... (생활의 지혜)를 보여줍니다.

⑧ (섬유질)이 풍부하고.... (소화)를 도우며 (항암효과가 있다)고 잘 알려져 있습니다.

⑨ (우수성)을 인정받아 (세계 5대 건강식품)으로 선정되어 있습니다.

⑩ 이렇듯.... (음식들은) 앞으로 (훌륭한 문화적 콘텐츠)의 역할을 할 것입니다.

---

① (四季)の区分がはっきりしていて (食品) が多様で
② (三面が海)に取り囲まれていて (水産物) が豊かです。
③ (野菜類)を利用した調理法が発展し....(発酵食品の開発)が成されてきました。
④ (キムチ)があげられます。
⑤ (食生活)に備える(野菜の貯蔵方法)が発展し(今日)まで至る(キムチ)は
⑥ (塩)に漬け....(塩辛)とともに入れ、和えて熟成させた....塩蔵発酵食品です。
⑦ (地域など)によって ....(生活の知恵)をあらわしています。
⑧ (繊維質)が豊富で....(消化)を 促進(そくしん) させ(or, うながし)、(抗癌

効果がある）ことでよく知られ
⑨ （優秀性）が認められ（世界５代健康食品）に選ばれています。
⑩ このような....（食べ物は）これから（立派な文化的コンテンツ）の役割を果たすと思います。

ドリル

1) 본문 <한국의 대표적인 음식, 김치>의 한국어문을 듣고, <노트 테이킹> 연습하기 → (문장 복구)

2) 本文の＜韓国の代表的な食べ物、キムチ＞の韓国語文を日本語に翻訳しなさい。

> 韓国は四季の区分がはっきりしていて、食品が多様で、三面が海に取り囲まれていて、水産物が豊かです。そのため魚類肉類と野菜を利用した調理法が発展し、醬類、キムチ類、塩辛などの発酵食品の開発が成されてきました。その中で代表的な食べ物としてはキムチがあげられます。
>
> 寒い冬の食生活に備える野菜の貯蔵方法が発展し、今日まで至るキムチは大根、白菜などを塩に漬け、トウガラシ、ネギ、ニンニク、ショウガなどを塩辛とともに入れ、和えて熟成させた野菜の塩蔵発酵食品です。
>
> キムチの種類は漬ける材料、漬ける方法、地域などによって約180ほどの種類があります。この多様性は韓国人の創意力と生活の知恵をあらわしています。キムチはビタミンや繊維質が豊富で乳酸菌が多く消化を促進させ(or, うながし)、抗癌効果があることでよく知られています。
>
> 現在、こういう優秀性が認められて世界5大健康食品に選ばれています。このような韓国の代表的な食べ物はこれから立派な文化的コンテンツの役割を果たすと思います。

3) 本文の＜韓国の代表的な食べ物、キムチ＞の韓国語文を日本語に逐次通訳しなさい。

8. 한국의 젊은이 문화 1 - 홍대입구, 대학로

홍대입구

　홍대입구는 미술로 유명한 홍익대학 주변으로 길 전체가 '예술의 거리'라는 느낌입니다. 길을 걷는 사람도 예술가풍의 사람들이 눈에 띄고, 일반적으로 '언더그라운드의 거리'로 불리워져 개성이 강한, 다양성이 넘치는 곳입니다. 멋진 카페나 레스토랑, 사립미술학교, 화실, 화방 등이 많이 늘어서 있습니다.

　홍익대 앞부터 극동방송국까지인 '피카소거리'에는 밤에는 10대~20대의 젊은이들이 많이 모여 있습니다. 무엇보다도 홍대라고 하면 클럽! 홍대의 수 많은 클럽에서는 많은 인디밴드가 활동하고 있어서 피카소거리에서 활동하여 유명해진 인디밴드도 많이 있습니다.

　대학의 서쪽에는 밤을 즐길 수 있는 곳 등이 집중해 있어서 밤에 놀만한 곳으로 인기장소입니다.

한일순차통역연습

重要문장표현

① 홍대입구는 (미술로 유명한 홍익대학) 주변으로.... (예술의 거리)라는 느낌입니다.

② (예술가처럼 보이는 사람들)이 눈에 띄고.... (거리)로 불리워져.... 다양성이 넘치는 곳입니다.

③ (화방 등)이 많이 늘어서 있습니다.... 많이 모여 있습니다.

④ 무엇보다도 (홍대)라고하면.... (많은 인디밴드)가 활동하고 있어서

⑤ (대학의 서쪽)에는 (밤을 즐길 수 있는 곳 등)이 집중해 있어서

⑥ (밤에 놀만한 곳)으로 인기장소입니다.

---

① 弘大入口は(美術で有名な弘益大学)の周辺で....(芸術の街)といった感じです。
② (アーティスト風の人たち)が目立ち....(街)と呼ばれ....バラエティのあふれるエリア。
③ (画材商など)がたくさん軒を連ねています....たくさん集まっています。
④ なによりも(弘大)と言えば....(たくさんのインディーズのロックグループ)が活動していて
⑤ (大学の西側)には(ナイトスポットなど)が集中していて
⑥ (夜遊びエリア)として人気の場所です。

ドリル

1) 본문 <홍대입구>의 한국어문을 듣고, <노트 테이킹> 연습하기
   → (문장 복구)

2) 本文の< 弘大入口 >の韓国語文を日本語に翻訳しなさい。

> 弘大入口（ホンデイック）は美術で有名な弘益大学の周辺で、街全体が「芸術の街」といった感じです。道を歩く人もアーティスト風の人たちが目立ち、俗に「アンダーグラウンドの街」と呼ばれ、個性が強くバラエティのあふれるエリア。 おしゃれなカフェやレストラン、 私立美術学校、アトリエ、画材商などが軒を連ねています。
>
> 弘益大前から極東放送局までの「ピカソ通り」には、夜には10～20代の若者たちが数多く集まります。なにより弘大(ホンデ)といえばクラブ！弘大の数多くのクラブではインディーズのロック グループ活動していて、ピカソ通りから生まれてメジャーになったインディーズバンドも多くあります。
>
> 大学の西側にナイトスポットなどが集中していて、夜遊びエリアとして人気の場所です。

3) 本文の< 弘大入口 >の韓国語文を日本語に逐次通訳しなさい。

대학로

서울대학이 있었던 대학로는 서울시가 85년 젊음의 거리로 정하면서 대학로라 불리게 되었습니다. 서울대가 옮겨가면서 문예진흥원, 문예회관, 미술회관이 생겨 예술가들이 속속히 모여들었습니다.

대학의 정서와 예술이 어우러지면서 예술문화, 젊음의 거리로 자리 잡게 되었습니다. 대학로에는 젊은이들의 성향에 맞추어 다양한 볼거리와 먹거리가 마련되어 있습니다. 그렇기 때문에 항상 젊은이들로 붐빕니다.

대학로에 있는 마로니에 공원은 사람들이 가장 많이 모이는 곳입니다. 그곳에서는 농구나 배드민턴 등의 운동을 하는 사람들과 데이트를 하는 연인들을 볼 수 있습니다. 그리고 공원의 거리에서는 여러 가지 공연이 행해지고 있어 볼거리를 제공합니다.

이 모두가 하나로 조화를 이루어 대학로를 문화의 거리로 만들고 있습니다.

重要문장表現

① (서울시)가 (85년 젊음의 거리)로 정하면서 (대학로)라 불리게 되었습니다.

② (서울대)가 옮겨가면서.... (미술회관)이 생겨 (예술가들이) 속속히 모여들었습니다.

③ (대학의 정서와 예술)이 어우러지면서.... (젊음의 거리)로 자리 잡게 되었습니다.

④ (젊은이들의 성향)에 맞추어 (다양한 볼거리와 먹거리)가 마련되어 있습니다.

⑤ 그렇기 때문에 (항상 젊은이들)로 붐빕니다.

⑥ (공원의 거리)에서는 (여러 가지 공연)이 행해지고 있어 (볼거리)를 제공합니다.

⑦ (하나로 조화)를 이루어 (대학로를 문화의 거리)로 만들고 있습니다.

---

① (ソウル市)が(85年に若者の街)として定め、(大学路)と呼ばれるようになりました。
② (ソウル大)が移転した後....(美術会館)が入って(芸術家たちが)どんどん集まってきました。
③ (大学の情緒と芸術)が調和しながら....(若者の街)として根ざすことになりました。
④ (若者の好み)に合わせて(いろいろな見どころと食べ物)が設けられています。
⑤ だから(いつも若者で)込み合っています。
⑥ (公園の通り)では(いろいろな公演)が行われていて(見物)を提供しています。
⑦ (一つの調和)を成して(大学路を文化の街)に作りあげています。

ドリル

1) 본문 <대학로>의 한국어문을 듣고, <노트 테이킹> 연습하기
   → (문장 복구)

2) 本文の＜大学路＞の韓国語文を日本語に翻訳しなさい。

> ソウル大学があった大学路はソウル市が85年に若者の街として定め、大学路と呼ばれるようになりました。ソウル大学が移転した後、文芸振興院、文芸会館、美術会館が入って芸術家たちがどんどん集まって来ました。
>
> 　大学の情緒と芸術が調和しながら芸術文化、若者の街として根ざすことになりました。大学路には若者の好みに合わせていろいろな見どころと食べ物が設けられます。だからいつも若者で込み合っています。
>
> 　大学路にあるマロニエ公園は人が一番多く集まる所です。そこではバスケットボールやバドミントンなど運動をしている人たちとデートをしている恋人どうしが見られます。そして公園にはいろいろな公演が行われていて見物を提供しています。
>
> 　このすべてが一つの調和を成して大学路を文化の街に作りあげています。

3) 本文の＜大学路＞の韓国語文を日本語に逐次通訳しなさい。

9. 한국의 젊은이 문화 2 - DAY 문화

~DAY 문화

　한국의 전통적인 명절 문화는 아니지만, 요새 젊은이들에게는 명절 못지않은 '데이'문화를 소개하겠습니다.

　여자가 좋아하는 남자에게 초콜릿을 주는 2월 14일 발렌타인데이를 시작으로 남자가 좋아하는 여자에게 사탕을 주는 3월 14일 화이트데이까지, 정확하지는 않지만 발렌타인데이는 서양에서 유래되었고, 화이트데이는 일본의 한 제과 회사에서 만들었다고 합니다. 또한 한국에만 존재하는 '데이'로는 연인이 없는 사람들끼리 자장면을 먹는 블랙데이(4월 14일), 연인에게 장미꽃을 선물하는 로즈데이(5월 14일), 연인과 키스를 하는 키스데이(6월 14일), 친구나 연인끼리 빼빼로를 주고받는 빼빼로데이(11월 11일) 등이 있습니다.

　언제부터인지 모르지만 요즘 젊은이들 사이에서 국경일보다 더 중요한 축제처럼 자리 잡은 몇몇 '데이'문화. 이런 국적불명의 문화를 장사꾼들의 상술이라며 부정적으로 바라보는 시각도 있지만, 젊은 날의 추억으로 한번쯤은 즐겨 볼만 합니다.

バレンタインデー(2月14日)

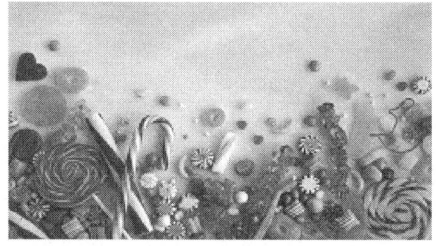
ホワイトデー(3月14日)

한일순차통역연습

ブラックデー(4月14日)

ローズデー(5月14日)

キスデー(6月14日)

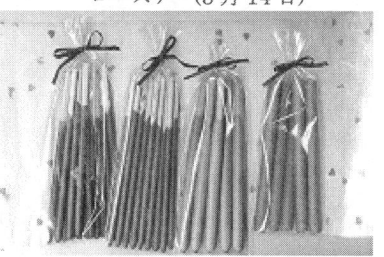
ペペロデー(11月11日)

重要문장표現

① (명절 문화)는 아니지만.... (명절) 못지않은 (데이문화)를 소개하겠습니다.

② (여자)가 (좋아하는 남자)에게 (초콜릿)을 주는.... (발렌타인데이)를 시작으로

③ (정확)하지는 않지만.... (서양)에서 유래 되었고....

④ (화이트데이)는 (일본의 한 제과 회사)에서 만들었다고 합니다.

⑤ (한국)에만 존재하는 (데이)로는.... (연인)끼리 (빼빼로)를 주고받는....등이 있습니다.

⑥ 언제부터인지 모르지만.... (젊은이들) 사이에서.... (축제)처럼 자리 잡은.... 문화

⑦ (장사꾼들)의 상술이라며 (부정적)으로 바라보는 시각도 있지만

⑧ (젊은 날)의 추억으로 (한번쯤은) 즐겨 볼만 합니다

① (祝日の文化)ではありませんが...(祝日)に劣らない(デー文化)を紹介します。
② (女の人)が(好きな男の人)に(チョコレート)をあげる...(バレンタインデー)を始めとして
③ (正確)ではないが...(西洋)から来たといわれ...
④ (ホワイトデー)は(日本のある製菓会社)が作ったと言われています。
⑤ (韓国)にだけ存在する(デー)では...(恋人)どうし（ペペロ）を取り交わす...　などがあります。
⑥ いつからなのか分からないが...(若者)の間で...(祭り)のように定着した...文化。
⑦ (商人たち)の商術と言いながら(否定的)に眺める視線もあるが
⑧ (若い日)の思い出として(一度ぐらいは)楽しんでみるだけのことはあります。

ドリル

1) 본문 <대학로>의 한국어문을 듣고, <노트 테이킹> 연습하기
　　→ (문장 복구)

2) 本文の＜デー文化＞の韓国語文を日本語に翻訳しなさい。

> 　韓国の伝統的な祝日の文化ではありませんが、最近若者たちの間で、祝日と同じぐらいの意味を持つようになった「デー」文化を紹介します。
>
> 　女の人が好きな男の人にチョコレートをあげる２月14日のバレンタインデーを始めとして男の人が好きな女の人にキャンディーをあげる３月14日のホワイトデーまで。　正確ではないが、バレンタインデーの由来は西洋から来たと言われ、ホワイトデーは日本のある製菓会社が作ったと言われています。また韓国にだけ存在する'デー'では恋人がいない人どうしジャージャーメンを食べるブラックデー(４月14日)、恋人にバラ(ローズ)をプレゼントするローズデー(５月14日)、恋人とキスをするキスデー(６月14日)、友達や恋人どうしペペロを取り交わす　ペペロデー(11月11日)などがあります。
>
> 　いつからなのか分からないが、このごろ若者の間で祝日よりもっと重要な祭りのように定着したいくつかの'デー'文化。こんな国籍不明の文化を商人たちの商術と言いながら否定的に眺める視線もあるが、若い日の思い出で一度ぐらいは楽しんでみるだけのことはあります。

3) 本文の＜デー文化＞の韓国語文を日本語に逐次通訳しなさい。

10. 서울의 관광명소 - 관광명소 소개, 명동

>[서울의 관광명소]

현재 한국의 수도인 서울은 볼거리와 먹거리 등 한국의 전통을 체험할 수 있는 곳이다. 서울시내 안에서 즐길 수 있는 고궁에는 조선왕조 제일의 궁궐인 경복궁과 세계문화유산인 창경궁, 그 밖에도 많은 고궁이 가까이 있어서 관광하기에 매우 편리하다.

조선시대 서울도성을 둘러싸고 있던 성곽의 문이었던 남대문과 동대문 등은 현재 상권을 이루어 관광과 쇼핑의 명소가 되었다. 이 밖에도 인사동에 가면 골동품이나 한국의 전통 의상 등을 쉽게 볼 수가 있다. 또한 외국인들이 한국문화를 다양하게 체험할 수가 있다.

그리고 젊은이들의 거리라고 불리고 있는 명동과 동대문은 한국 젊은이들의 현재를 볼 수 있다. 또 가까이에 있는 남산에는 남산타워가 있으며, 이곳은 밤에 서울의 아름다운 야경을 한눈에 볼 수 있는 장소다.

이와 같이 서울은 옛 것과 현재의 것이 함께 조화를 이루는 아름다운 도시이다.

重要文장表現

① (한국의 수도인 서울)은.... (한국의 전통)을 체험할 수 있는 곳이다.

② (시내 안)에서 즐길 수 있는.... (고궁)이 가까이 있어서 (관광)하기에 매우 편리하다.

③ (서울도성)을 둘러싸고 있던.... (상권)을 이루어 (관광과 쇼핑의) 명소가 되었다.

④ (인사동)에 가면 (골동품이나 한국의 전통 의상 등)을 쉽게 볼 수가 있다.

⑤ 또한 (외국인들이 한국문화)를 다양하게 체험할 수가 있다.

⑥ (젊은이들의 거리)라고 불리고 있는.... (현재)를 볼 수 있다.

⑦ 가까이에 있는 (남산에는).... (서울의 아름다운 야경)을 한눈에 볼 수 있는 장소다.

⑧ 이와 같이 (서울은 옛 것과 현재의) 것이 함께 조화를 이루는 (아름다운 도시이다).

---

① (韓国の首都であるソウル)は....(韓国の伝統)を体験することができるところだ。
② (市内の中)で楽しむことができる....(故宮)が近くて(観光)するのにとても便利だ。
③ (ソウル都城)を取り囲んでいた....(商圏)を成して(観光とショッピングの)名所となっている。
④ (仁寺洞)へ行けば(骨董品や韓国の伝統衣装など)をかんたんに見られる。
⑤ また(外国人が韓国の文化)を多様に体験することができる。
⑥ (若者の街)と呼ばれている....(今)が見られる。
⑦ 近くにある(南山には)....(ソウルの美しい夜景)を一目で見られる場所だ。
⑧ このように(ソウルは古いものと新しいもの)が調和を成す(美しい都市である)

ドリル

1) 본문 <서울의 관광명소>의 한국어문을 듣고, <노트 테이킹> 연습하기
   → (문장 복구)

2) 本文の＜ソウルの観光名所＞の韓国語文を日本語に翻訳しなさい。

> 現在、韓国の首都であるソウルは見るものと食べるものなど韓国の伝統を体験することができるところだ。ソウル市内の中で楽しむことができる故宮は朝鮮王朝の第一の宮廷である景福宮と世界文化遺産である昌慶宮、そのほかにも多くの故宮が近くて観光するのに便利だ。
>
> そして朝鮮時代のソウル都城を取り囲む城郭の門であった南大門と東大門などは現在、商圏を成して観光とショッピングの名所となっている。これ以外にも仁寺洞へ行けば骨董品や韓国の伝統衣装などを簡単に見られる。また外国人が韓国の文化を多様に体験することができる。
>
> そして若者の街と呼ばれている明洞と東大門では韓国の若者の今が見られる。また近くにある南山には南山タワーがあり、こちらは夜のソウルの美しい夜景がひと目で見られる場所だ。
>
> このようにソウルは古いものと新しいものが調和を成す美しい都市である。

3) 本文の＜ソウルの観光名所＞の韓国語文を日本語に逐次通訳しなさい。

명동(明洞)

　한국 최대의 번화가 명동은 일본의 예로 든다면 동경의 신주쿠나 시부야라 할 수 있는 곳입니다.

　서쪽에는 남대문 시장, 동쪽에는 삼일로를 사이에 둔 상점가, 북으로는 고층 빌딩이 늘어서 있는 오피스가, 남쪽으로는 남산공원 언덕이 펼쳐져 있습니다.

　한국 제일의 번화가라는 명성에 걸맞게 옛날부터 고급 브랜드 물품을 취급하는 뷰티크나 세련된 카페가 모여 있습니다. 최근에는 대중적인 분위기를 갖춘 특히 10대부터 20대의 젊은 사람을 대상으로 하는 펜시점(굿즈샵)도 두드러졌습니다.

　노점상도 자주 눈에 띄고, 음식점의 종류나 수도 다양합니다. 한국의 오리지날 김밥이라고 할 수 있는 김초밥 가게서부터 교자가게, 한국풍의 샤브샤브, 해물요리, 불고기 등 모든 가게가 줄지어 있습니다.

　번화가로서의 모습을 조금씩 변화시켜온 명동은 하루하루 변화해 가는 지금의 한국의 축도 같아서 흥미롭습니다.

重要문장表現

① (명동)은 (일본)의 예로 든다면 (동경의 신주쿠나 시부야)라 할 수 있는 곳입니다.

② (삼일로)를 사이에 둔.... (고층 빌딩)이 늘어서 있는....(언덕)이 펼쳐저 있습니다.

③ (번화가)라는 명성에 걸맞게.... (물품)을 취급하는.... (카페)가 모여 있습니다.

④ (분위기)를 갖춘.... (젊은 사람)을 대상으로 하는 (굿즈샵)도 두드러졌습니다.

⑤ (노점상)도 자주 눈에 띄고, (음식점의 종류나 수)도 다양합니다.

⑥ (한국의 오리지널 김밥)이라고 할 수 있는....(모든 가게)가 줄지어 있습니다.

⑦ (번화가로서의 모습)을 조금씩 변화시켜온 (명동은)

⑧ (하루하루) 변화해 가는....(한국의 축도) 같아서 흥미롭습니다.

①　(明洞)は(日本)で言えば(東京の新宿や渋谷)と言った所です。
②　(三一路)を挟んで....(高層ビル)が立ち並ぶ....(丘陵)が広がっています。
③　(繁華街)という名にふさわしく....(品物)を扱う....(カフェ)が集まっています。
④　(雰囲気)を備え....(若者)向けの(グッズショップ)も目立ってきました。
⑤　(露店)もよく見られ、(飲食店の種類や数)も多様です。
⑥　(韓国のオリジナルキムパプ)という....(あらゆる店が)軒を連ねています。
⑦　(繁華街としての姿)を少しずつ変えてきている(明洞は)
⑧　(日々)変化していく....(韓国の縮図)のようで興味深いです。

ドリル

1) 본문 <명동>의 한국어문을 듣고, <노트 테이킹> 연습하기
   → (문장 복구)

2) 本文の＜明洞＞の韓国語文を日本語に翻訳しなさい。

> 韓国最大の繁華街明洞は、日本で言えば東京の新宿か渋谷と言った所です。
>
> 西側には南大門市場、東に三一路を挟んで商店街、北には高層ビルが立ち並ぶオフィス街、南には南山公園の丘陵が広がっています。
>
> 韓国第一の繁華街という名にふさわしく、昔から高級ブランド品を扱うブティックやしゃれたカフェが集まっています。最近では大衆的な雰囲気を備え、とりわけ10代から20代の若者向けのグッズショップも目立ってきました。
>
> 露店もよく見られ、飲食店の種類や数も多様です。韓国オリジナルキムパプというのり巻きのお店や餃子の店、韓国風のしゃぶしゃぶ、海鮮料理、焼肉などあらゆる店が軒を連ねています。
>
> 繁華街としての姿を少しずつ変えてきている明洞は、日々変化していく今の韓国の縮図のようで興味深いです。

3) 本文の＜明洞＞の韓国語文を日本語に逐次通訳しなさい。

11. 한국어의 경어표현법(韓国語の敬語表現法)
- 사장님은 안 계십니다

사장님은 안 계십니다

한국에서는 " 사장님은 안 계십니다" 가 바른 표현.

일본어와 한국어는 함께 우랄알타이어족의 교착어에 속해 있으며, 나아가 까다로운 경어 표현법(존경어와 겸양어)을 사용하는 점도 공통점이라 할 수 있습니다. 경어 사용법은 복잡하고 어렵습니다만, 노력해서 터득하고 싶은 부분입니다.

경어표현에 있어서의 큰 차이는, 일본어가 상대적인 것에 반해 한국어는 절대적인 사용법을 구사한다는 것입니다. 일본어는 손윗사람이라도 상대적으로 말하는 상황에서는, 상대방에 대하여 자기를 낮추어, 내부의 손윗사람(가족이나 회사 상사)에게 겸양어를 사용합니다만, 한국어의 경우는 손윗사람에 대하여 절대적으로 경어를 사용하는 것입니다.

구체적으로 말하면, 회사에서 거래처에 자신의 상사를 소개하거나 전화로 상사의 부재를 전할 경우, 일본에서는 예를 들어 상사라도 내부인이므로 「部長の大川でございます」「山田 (사장의 이름을 부름) は、おりません」 라고 말합니다. 그러나 한국어 표현은 「사장님은 안 계십니다」가 됩니다. 사장님은 안 계십니다

또 부모님께 걸려온 전화를 자식이 받았을 경우에도 일본어에서는 「父はおりません」이 바른 표현인 데에 반해 한국어에서는 「아버님은 안 계십니다」가 되는 것입니다.

한일순차통역연습

重要문장표현

① (일본어와 한국어는) 함께 (우랄알타이어족의 교착어)에 속해 있으며

② 나아가.... 을 사용하는 점도 공통점이라 할 수 있습니다.

③ (경어 사용법은) 복잡하고 어렵습니다만.... 싶은 부분입니다.

④ (일본어가) 상대적인 것에 반해 (한국어는) 절대적인 사용법을 구사한다는 것입니다.

⑤ (상대방)에 대하여 자기를 낮추어, (내부의 손윗사람)에게 겸양어를 사용합니다만,

⑥ (부모님)께 걸려온 전화를 (자식)이 받았을 경우에도

⑦ (　)이 바른 표현인 데에 반해.... 가 되는 것입니다.

---

① (日本語と韓国語は)共に、(ウラルアルタイ語族の膠着語)に属していて、

② 更に... を使うところも共通点と言えます。

③ (敬語の使い方は)複雑で難しいですが... したいものです。

④ (日本語が)相対的であることに対して、(韓国語は)絶対的な使い方をするということです。

⑤ (相手の方)に対しへりくだって、(身内の目上の人)に謙譲語を使いますが、

⑥ (親)に掛かってきた電話に(子供)が出た場合も、

⑦ (　)が正しい表現なのに対して.... となるのです。

ドリル

1) 본문 <사장님은 안 계십니다>의 한국어문을 듣고, <노트 테이킹> 연습하기 → (문장 복구)

2) 本文の<社長様はいらっしゃいません>の韓国語文を日本語に翻訳しなさい。

韓国では "社長様は、いらっしゃいません" が正しい表現

　日本語と韓国語は共に、ウラルアルタイ語族の膠着語（こうちゃくご：<行き-まし-た>のようにくっ付いている）に属していて、更に、ややこしい敬語表現法（尊敬語と謙譲語）を使うところも共通点と言えます。敬語の使い方は複雑で難しいですが、頑張ってクリアしたいものです。

　敬語表現においての大きな違いは、日本語が相対的であることに対して、韓国語は絶対的な使い方をするということです。日本語では、目上の人でも、対外的に言う状況では、相手の方に対しへりくだって、身内の目上の人（家族や会社の上司）に謙譲語を使いますが、韓国語の場合、目上の人に対しては絶対的に尊敬語を使うのです。

　具体的に言うと、会社で取引先に自分の上司を紹介したり、電話で上司の留守を伝える場合、日本語では、たとえ上司であっても身内ですから「部長の大川でございます」「山田（社長の名を呼び捨て）は、おりません」などと言います。しかし、韓国語の表現は「社長様は、いらっしゃいません」となります。また、親に掛かってきた電話に子供が出た場合も、日本語では「父はおりません」が正しい表現なのに対して、韓国語では「お父様は、いらっしゃいません」となるのです。

3) 本文の<社長様はいらっしゃいません>の韓国語文を日本語に逐次通訳しなさい。

12. 한국인의 국민성 - 변화의 추이

韓国人の国民性

첫째, 한국인의 국민성은 가족주의, 공동체지향의식, 서열의식 등이 기본으로 되어 있습니다.

둘째, 이러한 기본적인 국민성을 근본으로 새로운 국민성이 형성되어 있습니다.

한국은 근년에 급격한 산업화를 이룬 덕분에 서구에서 들어온 새로운 가치관·생활양식·문화 등이 예부터 이어져 온 가치관·문화 등과 갑자기 충돌하여 지금까지 없었던 여러 가지의 성질이 믹스된 국민성을 보이게끔 되었습니다.

즉, 현재 한국인의 국민성은 획일적인 표현이 어려워 졌고, 그 결과 상당히 애매해 졌다고 할 수 있습니다. 이 국민성의 변화 포인트는 <세대차>입니다.

특히 70년대 80년대에 태어난 세대는, 그 이전에 태어난 세대와 비교하여 사고방식·가치관과 생활양식에 큰 차이가 나타나고 있습니다. 이것은 해결 불가능한 세대차로도 일컬어지고 있습니다.

결과적으로 과거의 가족중심주의, 직함지향주의, 상하서열의식, 친소(親疎)구분의식, 공동체지향주의 등의 성질을 가지면서, 최근에는 이러한 특징이 점차적으로 희박해 지고 있는 것입니다.

한류드라마의 역사극과 현대극을 비교해 보면, 이 변화를 알 수가 있을 것입니다.

重要문장表現

① (국민성)을 근본으로 (새로운 국민성)이 형성되어 있습니다.

② (산업화)를 이룬 덕분에.... (국민성)을 보이게끔 되었습니다

③ (한국인의 국민성)은 획일적인 표현이 어려워 졌고, (그 결과 상당히 애매)해 졌다고 할 수 있습니다.

④ 이것은 (해결 불가능한 세대차)로도 일컬어지고 있습니다

⑤ 최근에는 (이러한 특징이) 점차적으로 희박해 지고 있는 것입니다.

⑥ (한류드라마의 역사극과 현대극)을 비교해 보면, (이 변화)를 알 수가 있을 것입니다

---

① (国民性)のもとで(新たな国民性)が形成されています。
② (産業化)を成し遂げたために....　　(国民性)を見せるようになってきました。
③ (韓国人の国民性)は、画一的な表現が難しくなり、(結果、かなり曖昧)になったということです。
④ これは(解決不可能な世代差)とも言われています。
⑤ 最近では(このような特徴が)次第に薄れつつあるのです。
⑥ (韓流ドラマの、時代劇vs現代劇)を見比べると、(この変化)に気付くことは多いでしょう。

ドリル

1) 본문 <한국인의 국민성>의 한국어문을 듣고, <노트 테이킹> 연습하기
   → (문장 복구)

2) 本文の＜韓国人の国民性＞の韓国語文を日本語に翻訳しなさい。

> 第一に、韓国人の国民性は家族主義、共同体志向意識、序列意識などが基本になっています。
>
> 第二に、このような基本的な国民性のもとで新たな国民性が形成されています。
>
> 韓国は近年、急激な産業化を成し遂げたために、西欧から入ってきた新たな価値観・生活様式・文化などが、昔から続いてきた価値観・文化などと突然衝突して、今までにない様々な性質がミックスされた国民性を見せるようになってきました。
>
> つまり、現在の韓国人の国民性は、画一的な表現が難しくなり、結果、かなり曖昧になったということです。この国民性の変化のポイントは、＜世代差＞です。
>
> 特に、70年代、80年代に生まれた世代は、それ以前に生まれた世代に比べて、考え方・価値観や生活様式に大きな違いが生まれています。これは解決不可能な世代差とも言われています。
>
> 結果的に、過去における家族中心主義、肩書き志向意識、上下序列意識、親疎区分意識、共同体志向主義などの性質を持ちながら、最近ではこのような特徴が次第に薄れつつあるのです。
>
> 韓流ドラマの、時代劇 vs 現代劇を見比べると、この変化に気付くことは多いでしょう。

3) 本文の＜韓国人の国民性＞の韓国語文を日本語に逐次通訳しなさい。